Christoph Müller

Die Weisungen des heiligen Benedikt

Christoph Müller

Die Weisungen des heiligen Benedikt

In einfacher und gerechter Sprache

HERDER

FREIBURG · BASEL · WIEN

MIX
Papier aus verantwortungsvollen Quellen
FSC® C014496

Umschlaggestaltung: Verlag Herder
Umschlagmotiv: © zmshv / GettyImages
Satz: ZeroSoft SRL
Herstellung: GGP Media GmbH, Pößneck

Printed in Germany

ISBN Print 978-3-451-39285-6
ISBN E-Book (EPUB) 978-3-451-82782-2

Inhalt

Einführung

Ich trat zwar in ein Benediktinerkloster ein. Aber den Ausschlag dafür gab nicht die Regel Benedikts (RB). Es waren vielmehr meine Lehrer an der Stiftsschule Einsiedeln.

Ihre Art zu leben und ihre Ausstrahlung gefielen mir. So entschied ich mich nach dem Abitur im Jahre 1968, einer von ihnen zu werden.

Im Noviziat wurde ich zwar in die Benediktsregel eingeführt. Gewisse Stellen sprachen mich durchaus an. Aber in ihrer Gesamtheit blieb sie mir doch eher fremd. Es besserte sich erst, als ich zum Novizenmeister ernannt wurde und nun meinerseits die Novizen mit der Regel Benedikts vertraut machen sollte. Zum Glück standen mir gute Regelkommentare zur Verfügung. Trotzdem suchte ich immer wieder nach einer Ausgabe, die in gut verständlicher Sprache die wesentlichen Anliegen Benedikts zusammenfasst.

Jahrzehnte später, am 10. Februar 2021, dem Festtag der heiligen Scholastika, machte mich mein Mitbruder P. Martin Werlen auf einen unveröffentlichten

Text unserer verstorbenen Fahrer Mitschwester Silja Walter aufmerksam. Es handelte sich dabei um ein abendliches Gespräch zwischen der heiligen Scholastika und dem heiligen Benedikt.

Die beiden Geschwister hatten die Gewohnheit, sich einmal im Jahr auf einem Gutshof zu treffen. Scholastika war damals Äbtissin eines Frauenklosters, ihr Bruder Benedikt Abt in einem benachbarten Männerkloster. Obwohl das Gespräch der beiden sehr lebhaft verlief, wollte Benedikt unbedingt noch vor dem Einbruch der Nacht aufbrechen, da ein Verweilen außerhalb des Klosters gegen die Klosterregeln verstoßen hätte. Vergeblich versuchte Scholastika, ihren Bruder zum Bleiben zu bewegen. So nahm sie denn Zuflucht zum Gebet. Und siehe da: Ein plötzlicher Wolkenbruch verunmöglichte es Benedikt, in sein Kloster zurückzukehren. So konnte das Gespräch die ganze Nacht hindurch fortgeführt werden.

Doch worüber sprachen die beiden?
Silja Walter stellt sich das konkret so vor:

Scholastika: Ich muss dir gestehen, Bruder, meine jungen Frauen des Noviziats in deine Regel einzuführen, ist nicht leicht.

Benedikt: Liegt es an den jungen Frauen oder an der Regel, dass du Schwierigkeiten hast im Noviziat?

Scholastika: Ich sage dir, es geht um etwas, das du offensichtlich nicht bedacht hast, als du die Regel schriebst.

Benedikt: Worum geht es denn?
Scholastika: Um Mann und Frau (...)
Benedikt: Soll ich eine zweite Regel nur für Frauen schreiben? Das wirst du doch nicht von mir verlangen.
Scholastika: Um alles in der Welt, geliebter Bruder, alles, nein, nur das nicht! (Sie lächelt.)

Der Text berührte mich. Da wünscht sich Scholastika eine Klosterregel, die auch die Frauen mitberücksichtigt.

Ob es nicht an der Zeit wäre, fragte ich mich, die Benediktsregel in eine einfachere Sprache zu kleiden und zusätzlich so abzuändern, dass sich auch Frauen davon angesprochen fühlen?

Aber darf man das überhaupt?

Schon früh verfassten Wüstenväter Klosterregeln, die auch im Westen Verbreitung fanden, wo sie aber wegen ihrer Strenge kaum umsetzbar waren. Im 6. Jahrhundert machte sich ein Abt aus Gallien daran, diese Mönchsregeln an die westlichen Verhältnisse anzupassen. Er schrieb die sogenannte Magisterregel, die nach Aussagen von Zeitgenossen „im Gegensatz zu den orientalischen Regeln beim Temperament und

den Schwächen der Gallier effizienter und leichter durchgeführt werden kann". Benedikt folgte zwar dieser Magisterregel weitgehend, übernahm sie jedoch nicht in allen Punkten. Trotz seiner Ehrfurcht vor der Tradition strich er gewisse Kapitel und fügte wiederum eigene hinzu, in denen er Anliegen zur Sprache brachte, die ihm wichtig waren.

Der Mönchsvater möge mir verzeihen, wenn ich in der Folge seinen Regeltext, ohne ihn wesentlich zu verändern, da und dort vereinfache. Er sei auch nachsichtig mit meinem Versuch, seine Weisungen so umzuformen, dass sich auch Scholastika und ihre Schwestern darin wiederfinden.

Heutzutage entdecken viele Frauen und Männer – auch außerhalb von Klöstern – die Benediktsregel als echte Hilfe für ein christliches Leben.

Das freut mich.

Ihnen ist diese Regelausgabe gewidmet.

In einfacher und gerechter Sprache.

P. Christoph Müller OSB

Vorwort
(RB Prolog)

Wer immer du bist:
Sei jetzt ganz Ohr.
Und zugleich ganz Auge für das göttliche Licht.

Hast du Sehnsucht nach einem Leben,
das in die Tiefe geht?
Dann zeige ich dir jetzt einen möglichen Weg.

Die ersten Schritte dazu finden sich in der Bibel.
Es heißt dort:
„Bewahre deine Zunge vor Bösem und tu das Gute.
Suche den Frieden und jage ihm nach.“

Wenn du das befolgst, ist Gott an deiner Seite.
Ja, noch bevor du ihn anrufst, wird er zu dir sagen:
„Da bin ich.“

Und selbst wenn du vor ihm immer wieder davonläufst,
bleibt er dir nahe und führt dich zurück.
Ist das nicht wunderbar?
Auf diese Weise zeigt dir Gott den Weg zum Leben.

Willst du diesen Weg
in einem klösterlichen Umfeld verwirklichen?
Dann werden dir diese Weisungen,
die ganz dem Evangelium verpflichtet sind,
eine Hilfe sein.

Das Kloster ist eine Art Schule.
Wie in einer solchen
kann es auch im Kloster mal strenger zu- und hergehen.
Das soll dich nicht abschrecken.
Es gibt zwei gute Gründe dafür:
Erstens ist es wichtig, dass der Mensch ein Leben lang an sich arbeitet.
Und zweitens soll in der Gemeinschaft bei aller Verschiedenheit der Charaktere
ein geschwisterliches Zusammenleben ermöglicht werden.
Beides geht nun einmal nicht ohne Regeln.
Eines ist aber sicher:

Jenen, die sich glaubend und vertrauend auf den Weg machen,
wird das Herz weit,
und sie gehen diesen Weg mit einer Freude,
die man kaum beschreiben kann.

1.

Vier Möglichkeiten, ein klösterliches Leben zu führen (RB 1)

Die erste der vier Möglichkeiten
besteht in einem gemeinsamen Leben
unter der Leitung einer Äbtissin oder eines Abtes.
Beide werden von ihrer Gemeinschaft gewählt.
Sie tragen vor Gott die letzte Verantwortung für alles.

Die zweite Art ist ein Leben in Einsamkeit.
Das muss gut überlegt sein.
Es darf nicht in einem Anflug spontaner Begeisterung erfolgen.
Wichtig ist, dass jene, die sich dazu berufen fühlen, sich zuerst einmal in einer Gemeinschaft bewährt haben.
Sonst halten sie es auf die Dauer nicht aus.

Dann gibt es solche,
die sich zu einem klösterlichen Leben zu zweit oder zu dritt entschließen,
ohne eigentliche Führung.
Die Gefahr ist groß, dass sie nicht so recht wissen,
was sie eigentlich wollen,
und nur das tun, was ihnen gerade passt.

Zuletzt sollen jene erwähnt sein,
die allein und ungebunden leben wollen.
Sie vagabundieren in der Welt herum,
lassen sich da und dort für ein paar Tage
in einer klösterlichen Niederlassung nieder
und ziehen dann wieder weiter.

Von diesen vier Möglichkeiten hat sich die erste,
also das Leben in einer Gemeinschaft unter einer klaren Führung,
am besten bewährt.
Und so richten sich die vorliegenden Weisungen an Menschen,
die sich für die erste Art des klösterlichen Lebens entschieden haben.

2.
Die Leitung
(RB 2/64)

Die Äbtissin oder der Abt
vertreten im Kloster die Stelle Christi.
Wichtig ist, dass sie mit gutem Beispiel vorangehen.
Das wirkt viel besser als Worte.
Was sie also andere lehren, das sollen sie zuerst selbst vorleben.

Sie müssen alle Mitglieder der Gemeinschaft
gleich behandeln
und in gleicher Weise achten,
egal aus was für Verhältnissen diese stammen
oder welche Ausbildung sie besitzen.
Zudem müssen sie die Fähigkeit haben,
feinfühlig auf die verschiedenen Charaktere
einzugehen.
Das ist nur möglich, wenn sie die Einzelnen gut kennen.

Es kann in einem bestimmten Fall nämlich nötig sein, Klartext zu sprechen oder einen Tadel anzubringen.
In einem anderen Fall würde dies jedoch
das Gegenteil bewirken
und alles nur noch verschlimmern.
Da wäre zum Beispiel ein Gesprächsangebot
oder ein aufmunterndes Wort das Richtige.

Ein solches Eingehen auf die Wesensart der Einzelnen braucht viel Gespür und Einfühlungsvermögen.
Deshalb muss die Gemeinschaft vor der Wahl gut überlegen, wer für diese anforderungsreiche Aufgabe infrage kommt.
Alter, Herkunft und Bildung sollen dabei nicht ausschlaggebend sein.
Viel wichtiger ist die Gabe der Unterscheidung.
Gemeint ist damit ein feines Fingerspitzengefühl
für die einzelnen Mitglieder,
für Konfliktsituationen,
für sich verändernde Verhältnisse
und die damit verbundenen notwendigen
Anpassungen.
Von Vorteil sind selbstverständlich auch
gute Kenntnisse

in wirtschaftlichen und ökonomischen Zusammenhängen.
Doch diese sollen nicht im Vordergrund stehen.

Für jene, die im Kloster die letzte Verantwortung tragen,
wären folgende Charakterzüge ideal:
Geduld und Besonnenheit,
Taktgefühl und Augenmaß,
Weitblick und Gelassenheit,
frei sein von Eifersucht und Argwohn,
da sie sonst nie zur Ruhe kommen.

Missstände, die sich einschleichen,
müssen zwar sofort angegangen werden,
noch bevor sie größeren Schaden anrichten.
Aber noch wichtiger sind Geduld und Barmherzigkeit.
So soll zum Beispiel ein Gefäß, das Rost angesetzt hat,
nicht noch ganz zerbersten,
weil der Rost allzu eifrig ausgekratzt wird.
Vielmehr soll einfühlsam vorgegangen werden.
Naheliegend ist in einem solchen Fall ein klärendes Gespräch.
Aber es muss nicht immer alles
auf oberster Leitungsebene geschehen.

Es kann in einem bestimmten Fall durchaus angebracht sein, eine Drittperson damit zu beauftragen.

Die Klosterleitung muss,
nach dem Beispiel des Guten Hirten,
für alle Schafe Sorge tragen,
besonders für jene,
die Probleme haben oder Probleme machen.

Trotz aller Umsicht kann es vorkommen,
dass in einem bestimmten Fall die Fehlhaltungen so gravierend sind,
dass Gespräche und Bemühungen ins Leere laufen
und auch das gemeinsame Gebet in dieser Sache nichts mehr fruchtet.
Dann ist es besser,
wenn die betreffende Person das Kloster verlässt,
noch bevor andere angesteckt werden.
Möchte sie zu einem späteren Zeitpunkt wieder eintreten,
ist das nicht von vornherein ausgeschlossen.
Aber es muss von beiden Seiten gut überlegt sein.

3.
Stellvertretende Ämter
(RB 21/65)

Es ist vorteilhaft,
wenn im Kloster eine Stellvertretung bestimmt wird,
die die Last mitträgt
und bei Abwesenheit der Klosterleitung einspringen kann.
Wichtig ist in jedem Fall,
dass diese Person – „Priorin“ oder „Prior“ genannt –
unbedingt am gleichen Strang zieht.
Sonst gibt es Parteiungen und Spannungen,
was auf die Dauer lähmend wirkt.

Ist die Gemeinschaft größer,
so ist es von Vorteil,
sie in Kleingruppen aufzuteilen.
Diese treffen sich regelmäßig,
tauschen sich aus und sind füreinander besorgt.

So fühlt sich kein Mitglied ausgeschlossen.
Und keines vereinsamt unbemerkt.

4.
Die Ratsversammlung (RB 3)

Ist im Kloster etwas Wichtiges zu besprechen,
sind alle Mitglieder einzuladen.
Es sollen alle dabei sein,
also auch die Jüngeren,
weil Gott oft gerade diesen eingibt,
was das Beste für die Gemeinschaft ist.

Wer in der Versammlung das Wort ergreift,
soll es bescheiden und sachlich tun.
Die Klosterleitung hört sich alles an,
überlegt es bei sich
und trifft dann die endgültige Entscheidung.
Diese soll weitsichtig und gerecht sein.

5.
Einige Tipps für das Leben in Gemeinschaft
(RB 4)

Zuerst: Gott lieben von ganzem Herzen, von ganzer Seele und mit ganzer Kraft.
Dann: die Mitmenschen lieben wie sich selbst.
Den Armen helfen.
Die Kranken besuchen.
Die Trauernden trösten.
In der Bedrängnis Hilfe leisten.
Nicht im Zorn handeln.
Nicht auf Rache sinnen.
Nicht unaufrichtig Frieden bieten.
Nicht Böses mit Bösem vergelten.
Kein Unrecht tun,
aber stark sein, wenn einem solches angetan wird.
Jederzeit an den eigenen Fehlern arbeiten.
Das viele Reden nicht lieben.
Nicht dauernd kritisieren.

Keine Eifersucht hegen.
Nicht aus Neid handeln.
Aus Liebe zu Christus für die Feinde beten.
Die Älteren ehren.
Die Jüngeren lieben.
Vertraut sein mit dem Gedanken an den eigenen Tod.
Vor Sonnenuntergang Frieden schließen.
Nichts der Liebe zu Christus vorziehen.
Nie an Gottes Barmherzigkeit verzweifeln.

Der Ort dafür
ist die Abgeschiedenheit des Klosters
mit dem verbindlichen Ja zur Gemeinschaft.

6.
Gehorchen als ein gemeinsames aufeinander Hören
(RB 5/71)

Da sich das Leben im Kloster
in einer Gemeinschaft abspielt,
ist es wichtig,
dass alle aufeinander Rücksicht nehmen.
Ein gegenseitiges feines Hören ist also unabdingbar,
sowohl gegenüber den Vorgesetzten
als auch untereinander.
Alle sollen versuchen,
den Willen Gottes gemeinsam zu erspüren.

Ist einmal etwas beschlossen,
sollen sich alle daran halten.

7.
Schweigen
(RB 6)

In Psalm 141 heißt es:
„Stelle eine Wache vor meinen Mund".
Schweigen spielt im Kloster eine große Rolle.
Zuerst einmal ermöglicht das Schweigen,
Gottes Wort zu hören.
Schweigen ist aber auch wichtig
für ein friedliches Zusammenleben.
Die Bibel sagt dazu:
„Beim vielen Reden bleibt die Sünde nicht aus."

Darum soll unnützes und dummes Geschwätz
in der Gemeinschaft keinen Platz haben.

8.
Stufen auf dem Weg zu Gott (RB 7)

Eine Leiter hat viele Sprossen.
Diese sind links und rechts
an den beiden Holmen befestigt.
Die Holme bedeuten,
um mit einem Bild zu sprechen,
unseren Leib und unsere Seele.
Beide geben den Sprossen den nötigen Halt.
Darum soll für beide,
also für Leib und Seele,
in gleicher Weise Sorge getragen werden.

Von den einzelnen Sprossen dieser Leiter
sollen jetzt einige zur Sprache kommen.

Die erste Sprosse ist die wichtigste.
Es geht darum, in der Gegenwart Gottes zu leben.
Und zwar zu allen Zeiten und an allen Orten,

in allem Tun und Lassen,
bei allen Gedanken und Gefühlen.
Vor allem zu Beginn des klösterlichen Lebens
ist das eine große Herausforderung
und verlangt einiges
an Selbstdisziplin und Ausdauer.

Wer die zweite Sprosse in Angriff nimmt,
versucht,
bei zugefügtem Unrecht
oder bei widrigen Aufträgen
die Geduld zu umarmen
und die innere Ruhe zu bewahren.

Bei der dritten Sprosse geht es darum,
mit wenig zufrieden zu sein
und keine großen Ansprüche zu stellen.
Auch Prahlen mit großem Wissen
oder mit einer besonderen Begabung
ist fehl am Platz.
Vielmehr geschehe alles
in großer Selbstverständlichkeit.

Eine weitere Sprosse handelt vom Reden.
Wenn schon geredet sein muss,

soll es ruhig und überlegt geschehen.
In der Bibel steht nämlich:
„Weise Menschen erkennt man daran,
dass sie nicht viele Worte machen."

Dieses beharrliche Arbeiten an sich selbst
ist erfahrungsgemäß recht mühsam
und verlangt viel Geduld.
Das trägt aber dazu bei,
demütig zu bleiben und nicht abzuheben.

Sind einmal alle Stufen erstiegen,
ist der Weg frei zu einer großen Gottesliebe.
Was zu Beginn des Weges eher beschwerlich war
und immer wieder eingeübt werden musste,
was sich eng anfühlte oder sogar Angst machte,
das geht jetzt kraft dieser Liebe
ganz mühelos und wie von selbst.
Es geschieht nun nicht mehr unter irgendwelchem Druck
oder aus einem Müssen heraus,
sondern ganz aus Liebe zu Christus.

9.
Beten
(RB 8–20)

Das gemeinsame Gebet
richtet sich nach der jeweiligen Tageszeit.
Wichtig ist,
dass die Lobgesänge, die sogenannten Laudes,
mit dem Aufgang der Sonne zusammenfallen
und das abendliche Chorgebet, die Vesper,
mit dem Sinken der Sonne.
Auch im Laufe des Tages
soll die Arbeit immer wieder
vom gemeinsamen Gebet unterbrochen werden.
Das sind wir Gott nun einmal schuldig.
Die dabei gesungenen Psalmen
kreisen ja um sein herrliches Walten in der Schöpfung
und um sein wunderbares Tun an den Menschen.
Beim Morgen- und Abendgebet darf das Vaterunser
nie fehlen.

In einer Gemeinschaft treten ja immer wieder Spannungen auf,
gleich spitzen Dornen.
Darum ist es wichtig, dass alle immer wieder beten:
„Vergib uns unsere Schuld,
wie auch wir vergeben unseren Schuldigern."

Für die Aufteilung der Psalmen
gibt es eine fixe Vorlage.
Doch steht es jedem Kloster frei,
Anpassungen vorzunehmen.
Nur muss unbedingt darauf geachtet werden,
dass vor lauter anderen Dingen
das gemeinsame Gebet nicht zu kurz kommt.
Denn dem Gottesdienst darf nichts vorgezogen werden.

Beim Psalmensingen sollen sich alle bemühen,
ganz bei der Sache zu sein,
damit Herz und Stimme in Einklang stehen.
Natürlich hat auch das private Gebet seinen Platz.
Dazu braucht es aber nicht viele Worte.
Es soll vielmehr schlicht und kurz sein,
doch innig und von Herzen.

10.
Die Betriebsleitung
(RB 31–33)

Die Anforderungen an jene Person,
die den Klosterbetrieb leitet,
sind sehr groß.
Denn vieles geht durch ihre Hände.
Sie soll Erfahrung haben und von reifem Charakter sein,
mäßig im Essen und Trinken,
nicht aufgebläht,
nicht nervös,
nicht grob,
nicht langsam,
nicht verschwenderisch,
sondern in allem ausgeglichen.
Sie soll für die ganze Gemeinschaft
wie Vater oder Mutter sein.

Am Herzen liegen mögen ihr besonders
die Kranken und die Kinder,
die Gäste und die Armen.

Wenn sie eine Bitte nicht erfüllen kann,
begründe sie es sachlich
und schenke in diesem Fall wenigstens ein gutes Wort.
Es heißt ja in der Bibel:
„Ein freundliches Wort geht über die beste Gabe."
Sie soll niemanden von oben herab behandeln
oder unnötig warten lassen.

Mit den Werkzeugen und allem,
was zum Kloster gehört,
soll sie wie mit heiligen Altargefäßen umgehen.
Nichts darf im Schmutz verkommen.
Sie führt ein Verzeichnis
über alles, was ausgeliehen
und wieder eingesammelt wird,
damit nichts verloren geht.

Natürlich gibt es in einem Kloster verschiedene
Bedürfnisse.
Einige brauchen mehr als andere.
Wenn es gerechtfertigt ist,

erhalten diese,
was sie nötig haben,
ohne deswegen überheblich zu werden.
Jene wiederum, die mit weniger zufrieden sind,
sollen Gott danken und nicht murren.
Denn Murren ist für eine Gemeinschaft wie Gift.

Aus all dem Gesagten wird klar,
dass die Erwartungen an jene Person beträchtlich sind,
da sie für so vieles Sorge tragen muss.
Deshalb soll sie unbedingt auch auf sich selbst achtgeben.

Sie darf ihre Ruhe nicht verlieren
oder gar dem Stress verfallen.
Braucht sie Hilfe,
so werde ihr diese gewährt.
Denn sie soll ihre Aufgaben im Dienste an der Gemeinschaft
so wahrnehmen können,
dass sich niemand verletzt,
frustriert
oder unverstanden fühlt.

Das Kloster soll nämlich wie ein Haus Gottes sein.
Ein Haus, in dem der Friede wohnt.

11.
Die Kranken
(RB 36)

Die Sorge für die Kranken
ist erste und höchste Pflicht.
Denn es ist ein Dienst an Christus selbst,
wird er doch einmal sagen:
„Ich war krank, und ihr habt mich besucht."
An den Kranken darf also nichts versäumt werden.

Die Kranken ihrerseits mögen zufrieden sein
und dankbar.
Sie sollen jene, die für sie sorgen,
nicht durch zu hohe Ansprüche überfordern.
Kommt es dennoch vor,
so sind solche Kranken mit größter Geduld zu ertragen.
Gott wird den Dienst an ihnen
in besonderer Weise belohnen.

Die Kranken haben das Recht,
gegenüber den Gesunden bevorzugt behandelt zu werden.
So sollen sie zum Beispiel die Möglichkeit haben,
Bäder zu nehmen.
Auch dürfen sie Fleisch essen,
damit sie bald zu Kräften kommen.
Geht es ihnen dann wieder besser,
so sollen sie wie die anderen darauf verzichten.

12.
Die Alten und die Kinder
(RB 37)

Von Natur aus neigt der Mensch dazu,
den Betagten und Kindern gegenüber
wohlwollend
und großzügig zu sein.
Aber es soll an dieser Stelle noch eigens für sie gesorgt
werden.
Es gelte immer, Rücksicht auf sie zu nehmen.
Was zum Beispiel das Essen betrifft,
dürfen sie ruhig schon vor den regulären Zeiten essen.

13.
Die gemeinsamen Mahlzeiten
(RB 38–40)

Während des gemeinsamen Essens
darf die Lesung nie fehlen.
Es herrsche tiefstes Schweigen.
Kein Flüstern, kein Wort.
Zu hören sei nur die lesende Stimme.
Was beim Essen benötigt wird,
bieten sie einander zuvorkommend an,
sodass niemand um etwas zu bitten braucht.
Fehlt dennoch etwas,
dann lieber mit einem Zeichen darauf aufmerksam machen
als mit einem Wort.

Das Maß der Nahrung für andere festzulegen ist schwierig.
Jeder Mensch hat ja seine eigenen Bedürfnisse,
der eine braucht mehr, der andere weniger.

Für das Mittagessen sollten aber zwei gekochte Speisen genügen.
Wer von der einen nicht essen mag,
kann sich mit der anderen sättigen.
Ist frisches Obst oder Gemüse vorhanden,
dann komme es zusätzlich auf den Tisch.
Auch Brot soll immer genug da sein.

Fällt einmal viel Arbeit an,
darf selbstverständlich mehr gereicht werden.
Es soll aber immer darauf geachtet werden,
dass es nie zur Übersättigung kommt.
Auf das Fleisch vierfüßiger Tiere mögen alle verzichten,
mit Ausnahme der Kranken.

Das Maß des Getränkes zu bestimmen ist ebenso heikel.
Denn auch da hat jeder Mensch seine Gnadengabe von Gott,
der eine so, der andere anders.
In Rücksicht auf die verschiedenen Bedürfnisse sei es so geregelt:
Ein Glas Wein pro Tag sollte genügen.

Wer darauf verzichten kann, danke Gott.
Ist die Arbeit streng oder die Sommerhitze drückend,
so kann auch einmal mehr gereicht werden.
Es darf aber auf keinen Fall zur Trunkenheit kommen.

Wir lesen zwar,
der Wein gehöre überhaupt nicht auf den klösterlichen Tisch.
In der Bibel steht ja,
dass der Wein sogar Weise zum Abfall bringt.
Doch davon lassen sich heutzutage nicht alle überzeugen.
So gelte wenigstens das oben angegebene Maß.
Bringen es die Ortsverhältnisse mit sich,
dass sich nicht einmal so viel auftreiben lässt,
mögen sie Gott danken und nicht murren.
Murren hat im Kloster generell nichts zu suchen.

14.
Das Schweigen in der Nacht (RB 42)

Wer in einem Kloster lebt,
sollte immer um das Schweigen bemüht sein.
Das gilt besonders für die Stunden der Nacht.
Nach dem Abendessen treffen sich alle,
um eine besinnliche Lesung zu hören,
sei es aus einem erbaulichen Buch,
sei es aus der Bibel.
Dabei sind auf die Nacht hin
nicht alle Geschichten aus dem Alten Testament
für sensible Gemüter geeignet.
Zu anderen Zeiten sollen sie durchaus vorgetragen werden.
Nach dieser Lesung singen alle die Komplet.
Nachher herrscht absolute Ruhe.

Das Stillschweigen darf auf keinen Fall mehr gebrochen werden,
außer es trete noch eine Pflicht der Gastfreundschaft ein.

15.
Die tägliche Handarbeit
(RB 48)

Faul herumliegen tut dem Menschen nicht gut.
Deshalb sollen immer alle beschäftigt sein,
wobei sich Gebet, Lesung und Arbeit
in einem gesunden Rhythmus abwechseln sollen.
Zu bestimmten Zeiten
ist also Arbeit angesagt,
dann wieder heilige Lesung.

Der Sonntag sei ganz für die Lesung reserviert.
Sollte jemand damit Mühe haben,
so ist das Verrichten von kleinen Handarbeiten
immer noch besser als Nichtstun.

Auf jene, die kränklich sind
oder keine starke Konstitution haben,
muss immer Rücksicht genommen werden.
Sie dürfen auf keinen Fall überfordert werden.

Es ist ihnen also eine Beschäftigung zuzuweisen, die für sie passt.

16.
Die Heiligen Vierzig Tage
(RB 49)

Wer ins Kloster eingetreten ist,
sollte eigentlich immer so leben
wie es in den Heiligen Vierzig Tagen üblich ist.
Aber nur wenige haben die Kraft dazu.
Deshalb gilt,
wenigstens in diesen vierzig Tagen vor Ostern
sein Leben zu überdenken
und neu auszurichten.

Das heißt:
Nachlässigkeiten und Ungutes,
das sich im Laufe der Zeit eingeschlichen hat,
einsehen und daran arbeiten.
Was Essen, Trinken, Schlafen und Geschwätzigkeit
betrifft,
etwas zurückschrauben.
Ferner sich intensiver als sonst

dem Gebet und der Lesung widmen,
um mit Freude und Sehnsucht das Osterfest zu erwarten.

Die guten Vorsätze für diese Zeit vor Ostern sollen mit einer erfahrenen Person aus der Gemeinschaft abgesprochen werden.
So werden sie
von deren Gebet und Segen begleitet sein.

17.
Die Gastfreundschaft
(RB 53/61)

Wenn Gäste ins Kloster kommen,
werden sie wie Christus empfangen,
denn er wird einmal sagen:
„Ich war fremd, und ihr habt mich aufgenommen."
Die für die Gäste Verantwortlichen
verneigen sich vor ihnen
und begrüßen sie ehrfurchtsvoll,
um in ihnen Christus anzubeten,
der ja auch wirklich aufgenommen wird.

Das ist besonders dann der Fall,
wenn es sich um Arme handelt
oder um solche auf Pilgerreise.

Das gilt natürlich auch für jene,
die aus anderen Klöstern herkommen und anklopfen.
Von diesen wird erwartet,

dass sie zuerst einmal zufrieden sind mit dem,
was sie vor Ort antreffen.
Wenn sie jedoch, bescheiden und mit Anstand,
eine Kritik anbringen,
sollen die Verantwortlichen gut überlegen,
ob Gott sie nicht gerade deswegen hergeschickt hat.

18.
Kleidung und Schuhwerk
(RB 55)

Kleidung und Schuhwerk
sollen dem Klima des Wohnortes entsprechen.
Niemand soll sich den Kopf zerbrechen
über Farbe oder Beschaffenheit der Dinge.
Diese sollen aber passend sein in der Größe,
also nicht zu kurz und nicht zu lang.

Wer Neues bekommt,
wirft das Alte nicht einfach weg.
Vielleicht kann es einmal wieder verwendet werden.
Auf Reisen dürfen durchaus etwas bessere Sachen getragen werden
als sonst üblich.
Was das einzelne Mitglied des Klosters
für seinen Alltag und für seine Arbeit benötigt,
gehört der Gemeinschaft und ist nicht Privatbesitz.

Doch dürfen alle darauf vertrauen,
dass sie das, was sie brauchen, auch erhalten.

19.
Die Aufnahme neuer Mitglieder (RB 58)

Gegenüber jenen, die neu ins Kloster eintreten wollen,
ist eine gesunde Vorsicht am Platz.
Die Aufnahme soll nicht übereilt geschehen.
Nach einigen ersten Kontakten
dürfen sie zuerst einmal bei den Gästen wohnen.
Sieht es ernsthaft aus,
so übersiedeln sie in die Noviziatswohnung.
Einem Klostermitglied, das eine gewinnende Art hat,
wird die Aufgabe der Begleitung anvertraut.
Diese besteht darin,
die interessierte Person zu prüfen
und ins Klosterleben einzuführen.

Das Wichtigste dabei ist, herauszufinden,
ob diese wirklich Gott sucht.
Das muss sich konkret in drei Haltungen zeigen.

Erstens: ob sie Eifer an den Tag legt
für ihre Beziehung zu Gott in Gebet und Gottesdienst.
Zweitens: ob sie sich in die bestehende Gemeinschaft einfügen kann.
Drittens: ob sie bereit ist, einfache Aufgaben und Dienste zu verrichten,
wie sie im Kloster nun einmal anfallen.
Der für das Klosterleben interessierten Person
werde alles Harte und Schwere
auf diesem Weg vorausgesagt.
Nichts soll beschönigt werden.

Nach einigen Monaten wird ihr diese Regel vorgelesen.
Es wird ihr dann Folgendes nahegelegt:
„Nach dieser Regel möchtest du also leben.
Vermagst du es, so bleibe weiterhin bei uns.
Kannst du es nicht, so bist du frei, uns wieder zu verlassen."
Bleibt sie dabei,
so dauert es ein paar weitere Jahre,
bis sie endgültig ins Kloster aufgenommen wird.

Ist es soweit und sind alle damit einverstanden,
verspricht sie vor der ganzen Gemeinschaft
Beständigkeit, klösterliche Lebensweise und Gehorsam.

Auf einer Urkunde unterscheibt sie dieses Versprechen.
Und von diesem Moment an
zählt sie endgültig zur Klostergemeinschaft.

20.
Der Dienst am Altar
(RB 62)

Wenn die Situation es erfordert,
bestimmt die Klosterleitung
für den Dienst am Altar
eine bewährte Person aus der Gemeinschaft
und erbittet für sie die Weihe.
Ihr Rang innerhalb der Kommunität verändert sich dadurch nicht,
außer natürlich bei der Feier der Eucharistie,
wo sie den Vorsitz führt.
Nachher nimmt sie wieder ganz selbstverständlich jenen Platz ein,
der ihr gemäß ihrem Klostereintritt zusteht.
Jede Überheblichkeit sei ihr fern.
Vielmehr nehme Gott in ihrem Leben
mehr und mehr Raum ein.

21.
Die Klosteranlage
(RB 57/66)

Das Kloster soll so angelegt sein,
dass alles Notwendige innerhalb der Anlage zu finden ist,
also Wasser, Mühle, Garten und die einzelnen Werkstätten.
So können alle ihrer Arbeit im Klosterbereich nachgehen
und brauchen nicht unnötig draußen herumzulaufen.

Ihren Beruf sollen sie in aller Bescheidenheit ausüben
und ihn als Dienst an der Gemeinschaft verstehen.
Niemand überhebe sich in der Meinung,
dem Kloster durch seine Arbeit besonderen Nutzen zu bringen.

Wird von den Erzeugnissen etwas verkauft,
so soll der Preis fair sein.
Auf diese Weise wird Gott in allem verherrlicht.

Eine Schlüsselstelle in der Klosteranlage ist die Pforte.
Für diese Aufgabe wird ein Klostermitglied beauftragt,
das gut Auskunft geben kann,
das erfahren ist
und keinen herumschweifenden Charakter besitzt.
Wenn angeklopft wird oder ein armer Mensch ruft,
so sei die Antwort jedes Mal: „Dank sei Gott!"

Wer an der Pforte Dienst tut,
gehe in aller Freundlichkeit auf die verschiedenen
Anliegen ein,
erfüllt von großem Wohlwollen für alle Menschen.

22.

Das Verhalten bei schwierigen Aufträgen (RB 68)

Wenn einem Klostermitglied etwas Schwieriges aufgetragen wird,
so nehme es die Weisung von oben einfach einmal an.
Sieht es aber, dass der Auftrag das Maß seiner Kräfte übersteigt,
so suche es mit den Verantwortlichen das Gespräch
und trage seine Gründe ruhig und sachlich vor.
Halten diese aber an ihrer Meinung fest,
dann soll es trotz aller Bedenken freudig an die Aufgabe herangehen,
aus Liebe zur Gemeinschaft
und im Vertrauen auf Gottes Hilfe.

23.
Die innere Glut
(RB 72)

Wie es ein destruktives Feuer gibt,
das den Tod bringt und zerstört,
so gibt es eine innere Glut,
die zum Leben führt und aufbaut.

Um diese innere Glut
sollen sich alle unablässig bemühen.

Sie sollen selbstlos und geschwisterlich
füreinander da sein.
Ihre körperlichen oder charakterlichen Eigenheiten
ertragen sie gegenseitig in größter Geduld.
Sie sind nicht auf ihren eigenen Vorteil bedacht,
sondern auf den der anderen.
Die Beziehung zu ihren Verantwortlichen
soll geprägt sein
von einer aufrichtigen Liebe und tiefen Wertschätzung.

Gott sind sie in ehrfürchtiger Liebe zugetan.
Sie stellen nichts höher als Christus,
der uns alle einmal zum ewigen Leben führen möge.

24.
Schlusswort
(RB 73)

Diese Anleitung wendet sich an Menschen,
die an einem klösterlichen Leben
interessiert sind.
Sie bietet zwar nur einen bescheidenen Einblick
und kann nicht alles enthalten. Es gibt zu diesem Thema noch eine Menge anderer Schriften.
Ja, im Grunde genommen
spricht jede Seite der Bibel davon,
wie der Mensch zu seinem Schöpfer gelangen kann.

Wenn du dich von ihr angesprochen fühlst
– wer immer du bist –,
so versuche, dein Leben nach ihr zu gestalten,
auch wenn du erst am Anfang des Weges stehst.

Mögest du einmal,
mit Gottes Hilfe,
bei ihm ankommen.
Amen.

Abbildungsverzeichnis

Der Autor

© Pfarre Thüringerberg (A)

Christoph Müller OSB, geboren 1947, ist seit 1974 Mönch des Schweizer Klosters Einsiedeln. Jahrelang war er dort Novizenmeister und Gymnasiallehrer. Seit 20 Jahren wirkt er als Seelsorger im Großen Walsertal (Vorarlberg).